Et l'homme apparut

Du même auteur

Poèmes

Alphabet, Auto-édition, 1978.
D'ombre et de lumière, Le Méridien Editeur, 1987.
Regards, ACM Edition, 1992.
Poèmes de la mer, Barré et Dayez, Editeurs, 1993.
Paroles du silence, ACM Edition, 1995.
Mélanges, Soleil natal, 1997.
Offrande du soir, La Bartavelle, 2001.
Des mots et au-delà, La Bartavelle, 2004

Essai

Science et poésie. Deux voies de la connaissance,
L'Harmattan, 2003.

Suzanne MÉRIAUX

Et l'homme apparut
Une lecture de l'histoire de l'homme

Postface de
Jacques Arnould

L'Harmattan

Table des poèmes

L'histoire de l'homme

Fait partie de l'histoire de la vie

Qui fait partie de l'histoire de la Terre

Qui fait partie de l'histoire de l'univers

Yves Coppens

il est impossible
que la créature naisse autrement
que portée sur la tige
d'une interminable évolution

Pierre Teilhard de Chardin

Ferme les yeux
Ecoute au seuil du silence

D'où vient la voix
Qui coule à fleur de peau
Sa frange ensorceleuse
Et frôle au ras des ombres
Un monde à peine éclos

Je me souviens
De la poussière au commencement
De la lumière aux lèvres du premier matin
D'un frisson
Qui ouvre la durée
Sur les rives du temps

Je me souviens
D'une musique des origines
Qui monte dans l'espace enfanté

Je me souviens
De la partition du monde

Les portes du silence ouvraient l'espace
Et le souffle du temps
Déroulait la mémoire du monde

Un rien d'éternité
Flottait par les étoiles

La mer se taisait
Couvrant sa majesté et ses passions
Du bleu de ses recommencements
Tandis que le soleil
Lentement dépliait sa lumière

La terre écoutait

Une ombre de pas froissés cherchait l'issue
Dans les balbutiements de la vie

C'était au large des songes aux premiers âges

L'homme en devenir attendait

Au ras des secrets
Les sauvés du néant
Jouaient aux dés
Leur désir d'aube

Des pans d'histoire emplissaient l'univers
En relais cachés
Chargés d'alliances et d'affrontements
La vie venait cahin-caha
Déverser sur la terre
Le flot de sa longue marche

Et l'homme apparut

C'était le nouveau visage du monde

La terre hésita

Le jour eut un moment de nuit
Et des mots de ténèbre
Emplirent le silence

L'homme ouvrit ses paupières d'enfant .

L'ombre enfonçait ses paumes au creux du monde
Et lavait sur le sable les mots de la mer

L'homme était là
Pesant de son destin
Sur un chemin de mystère et d'amour

La terre épaisse écrivait sous ses pas
Le livre premier
D'une aventure impossible à rêver
Emergée
De la longue épreuve du temps

L'homme avançait
Le regard sur l'étoile

Il marchait vers le soleil

Un vent d'éternité
Nappait de sa lumière
L'homme envahi
Par les grands paysages
Avec les mots du sol
Qui montaient dans la musique du monde.

Les couleurs de l'espace
Ecrivaient sur le temps
L'avenir de la terre

C'était un fil d'espoir
Sur les chemins de haute solitude

Il y eut ce matin
Au fond des âges
Où l'homme
A vu l'homme pour la première fois
Dans les plis d'un temps nouveau
Et la vigueur de la lumière

Mystère et magie
Dans la savane écrasée de soleil
L'amour était né

Tant de voyages au sortir du néant
Par chaque marche obscure
Comme autant de vagues
Etalant leur écume
Au ras de la terre balbutiante

Tant de gestes et de rencontres
Vers des secrets et des rêves
Vers des regards
Vers des mains qui se tendent
Et se cherchent

Ils se sont reconnus

Ce fut l'aurore

Bonheur d'aurore

Quand les forêts mouillées
Déplient leurs senteurs d'humus
En l'honneur de la terre offerte

Quand le petit peuple de la nuit
Rejoint ses nappes souterraines
Avec le froid de l'angoisse
Et son visage de solitude

Salut à toi
Frontière de l'aube
Magie d'un instant
Qui ouvre ta lumière
Au mystère du matin neuf

le flou de notre conscience naissante
suscite son appétit premier

Maurice Couquiaud

La roche se casse

Pierre contre pierre
Jusqu'à l'ultime objet

La main se prolonge
Et devient puissance

Le premier rire

Un vrai rire
Echappé des milliards de nuits
Dans la souffrance et la lutte

La porte du royaume
Vient de s'ouvrir

Un premier chant
A peine un son

Vers les oiseaux
L'eau qui murmure
Et la voix du vent

Vers la beauté du monde

La pensée lentement
Pousse les mots vers la lumière

Des mots sortis de la fureur et de l'amour
Des mots de corps et de vie

L'homme parle
Au jour nouveau

Laisser courir sur la pierre un jour
L'élan de la biche
Et la cavale échappée
Et l'aurochs ombrageux
Qu'on défie dans le jeu du soleil

Laisser venir les traits du rêve

Et quand la main ose en tremblant
Recevoir le mot
Sorti de la nuit du néant
Dans la chair du silence
Pour brûler le monde

Le rêve est accompli

L'ombre du mot
Mystère à fleur de solitude

Attente
Espoir

Le bleu du monde irradie le silence
Et rejoint l'étincelle

La lumière éclate

Un flot d'aurore envahit les mémoires
Et leur offrande infiltre le soleil

Un jour
Une ombre à l'âme

L'instant a éteint la lumière
Et le regard s'est figé

C'est la terre
Qui ouvre
Le linceul de ses plis

quand la terre et toi
l'espace avec toi
porterez le sacre
au long de vos jours
alors tu seras
dans le champ de gloire

Eugène Guillevic

Terre de silence
Emplissant le vide

Terre de vérité

Le chant premier
La prière du vent
La chair du monde

Terre intérieure

A l'orée du royaume

Le livre de la terre
Déploie

Les couleurs du ciel
L'élan de la sève
Et la rumeur des bêtes

La sueur des hommes

Dure est la terre
Et lourde la racine
A l'ouvrir
A passer et repasser
Toujours
Dans son corps de silence

Un matin
La terre étend les mains
Et donne la fleur
L'arbre et le pain
La vie

L'éternité du monde

A grands coups de sillons
La terre arrive
Avec ses promesses
Et ses rêves

L'espérance est là
Comme un soleil
Qui attend son heure

Ouvrir les bords de la terre
Un matin d'or

Entrer dans la source
Et cueillir la liberté
Comme on boit la mer
Dans ses rêves

Par delà le gel
L'eau fouille la terre

Et sa caresse
Au noir des profondeurs
Eveille une aurore enlisée
Dans les plis de l'attente

Le pain a le goût de la terre

Le goût des blés d'océan
Nappés dans les grandes plaines

Les gestes du laboureur
Dorment dans son parfum

Oser dire à la face du vent
Le goût de la terre
Quand la nuit borde le sommeil du monde
De ses grandes mains souveraines
Et que la montagne éteinte
Grandit sous son manteau d'étoile.

faut-il dire que l'homme est né
pour extraire des yeux fermés de la matière
un invisible regard ?

Michel Camus

Le matin

Il y a

Des points de silence
Au livre du temps

Et le regard tremble
A caresser la beauté du monde

Un clignement de lumière

C'est l'aube
Et la mer frissonne

Un fil d'oiseau
Découpe en deux le ciel

La forêt à l'affût
Eveille son silence

Marcher dans l'herbe
En regardant mourir la lune

Debout sur l'aube
Ecouter venir le soleil

Plier le silence et l'habiller d'oiseaux

Ouvrir l'instant
A la fascination du matin neuf
Qui peint du bleu sur l'échelle des jours

Ecouter basculer le temps

Quand le regard flotte
Au ras du passé
Et qu'un été nouveau-né
Fait danser le monde

Mer entre les terres
Où le regard se noie
A chercher l'eau première
Quand le souffle de Dieu
Planait à la surface

Mer de l'eau absolue
Originelle et libre

Eternité du rêve

Musique du monde
A l'aube des temps
Eclatée en joie
Dans la création

Reçue
Au fond de l'âme

Musique des hommes
Echappée
Du bruissement de l'amour
Et de la souffrance

Empreinte dans notre chair

Musique fille d'absolu

L'homme le frère
Et ses couleurs

Ses nuits et ses soleils
Dans la pourpre ou dans la fange

Ses carapaces

Ses appels à la lumière
Avec sa chair
Qui cherche la fissure
Vers la vérité

Un jour
La porte s'ouvrira

alors en lui, se lèveraient les étoiles,
alors il apprendrait à avoir,
plus clairement et plus diversement,
le sentiment de l'univers tout entier

Novalis

Pas d'ombre sans lumière

Le soleil des hommes
Les multiplie
Ils se déploient
Et la planète s'essouffle

Le ciel rassemble ses nuages
L'orage enrobe la terre de sa menace

Chercher l'issue

S'accorder au monde
Pour durer

Chercher
Le visage de l'absolu

Dans les fibres du vent
Qui tissent les rêves

Sur les pas du temps
Déroulant les vies

A l'ombre
Des racines bleues du monde

Chercher
Le lieu
De l'indicible beauté

Sentir

La plénitude
De sa présence au monde

Porter le sacre de la beauté
Dans l'univers
Intérieurement révélé

La joie
Pour toujours

La nuit

A la frontière du silence
L'heure est à la terre

Et ses chemins
Etirent sur l'espace
La longue méditation du monde

Recevoir la beauté
Dans le secret

Comme
Un soleil qu'on ramasse
En passant sur la vie

Comme
Un grand vide empli
Des musiques du monde
Et de l'œuvre des hommes
De la pulsation des corps et des cœurs
Des respirations de la matière
Quand la mer plonge dans la nuit

Beauté
Désir d'absolu

Matin de gloire

L'homme
Cœur battant de la matière
Ouvre les yeux

Et l'univers qui l'habite
Devient le regard
Qu'il offre au monde

La messe un jour
Sur le monde

Offrande de l'univers

Le soleil et les étoiles
La lune
Toutes les planètes

Et toute la matière
Devenue vivante
Dans sa longue chaîne

Jusqu'aux hommes
Avec leurs nuits et leurs aurores

La création
Rend grâce

Postface

Viens. N'aie crainte. Approche-toi. Tu n'as ici que des amis. Celles et ceux qui, comme toi, ont osé se plonger dans l'histoire de l'homme, sentir sur leur visage les embruns de la poésie, affronter les vagues du rythme, perdre parfois pied au-dessus d'un tel mystère. Comme toi, nous avons dû prendre du temps pour retrouver notre souffle, pour calmer les battements de notre cœur. Avions-nous donc si aisément oublié le scintillement de l'étoile, le flot de l'aurore, les étreintes de la terre, l'élan de la sève, la sueur de l'homme pour nous en être ainsi enivrés ? Fort heureusement, la main de Suzanne Mériaux a l'assurance, la force et la douceur d'une sage Béatrice pour nous mener à travers l'épaisseur de la phénoménale aventure humaine.

Pourtant, n'espère pas t'arrêter trop longtemps. Enivrant, l'esprit de cette histoire t'a aussi nourri et procuré la force nécessaire pour reprendre ta propre odyssée. Une montagne, ta montagne t'attend. Pour y rendre grâce.

Jacques Arnould

Poètes des Cinq Continents
En hommage à Geneviève Clancy qui l'a dirigée de 1995 à 2005. La collection est actuellement dirigée par Philippe Tancelin et Emmanuelle Moysan

Série Espace expérimental

La collection *Poètes des Cinq Continents* non seulement révèle les voix prometteuses de jeunes poètes mais atteste de la présence de poètes qui feront sans doute date dans la poésie francophone. Cette collection dévoile un espace d'ouverture où tant la pluralité que la qualité du traitement de la langue prennent place. Elle publie une quarantaine de titres par an.

Déjà parus

L'HARMATTAN, ITALIA
Via Degli Artisti 15 ; 10124 Torino

L'HARMATTAN HONGRIE
Könyvesbolt ; Kossuth L. u. 14-16
1053 Budapest

L'HARMATTAN BURKINA FASO
Rue 15.167 Route du Pô Patte d'oie
12 BP 226
Ouagadougou 12
(00226) 50 37 54 36

ESPACE L'HARMATTAN KINSHASA
Faculté des Sciences Sociales,
Politiques et Administratives
BP243, KIN XI ; Université de Kinshasa

L'HARMATTAN GUINEE
Almamya Rue KA 028
En face du restaurant le cèdre
OKB agency BP 3470 Conakry
(00224) 60 20 85 08
harmattanguinee@yahoo.fr

L'HARMATTAN COTE D'IVOIRE
M. Etien N'dah Ahmon
Résidence Karl / cité des arts
Abidjan-Cocody 03 BP 1588 Abidjan 03
(00225) 05 77 87 31

L'HARMATTAN MAURITANIE
Espace El Kettab du livre francophone
N° 472 avenue Palais des Congrès
BP 316 Nouakchott
(00222) 63 25 980

L'HARMATTAN CAMEROUN
BP 11486
(00237) 458 67 00
(00237) 976 61 66
harmattancam@yahoo.fr

Achevé d'imprimer par Corlet Numérique - 14110 Condé-sur-Noireau
N° d'Imprimeur : 44551 - Dépôt légal : novembre 2007 - *Imprimé en France*